NOTRE-DAME DE RÉCONCILIATION.

LA SAINTE VIERGE

Honorée sous le titre de

NOTRE-DAME
DE RÉCONCILIATION

DANS SA CHAPELLE,

A ESQUERMES.

LILLE.
L. LEFORT, IMPRIMEUR-LIBRAIRE,
RUE ESQUERMOISE, 55.
1847.

VU ET PERMIS D'IMPRIMER.

LILLE, FÊTE DE L'ANNONCIATION 25 MARS 1847.

BERNARD, VIC. GÉN.

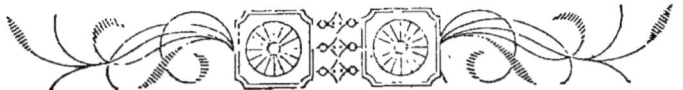

NOTRE-DAME DE RÉCONCILIATION.

Ce qui est rapporté dans cet opuscule touchant l'origine de la dévotion à Notre-Dame de Réconciliation, et en général touchant les grâces signalées qu'ont reçues les personnes qui ont invoqué l'auguste Mère de Dieu dans sa chapelle à Esquermes, est tiré d'autres livres très-anciens qui ont été imprimés en différents temps, avec l'approbation des censeurs ecclésiastiques. Ce qui paraît suffire, pour qu'on puisse le rapporter de nouveau, sans qu'il soit nécessaire d'en donner d'autres preuves.

Le plus ancien de ces livres raconte l'origine de cette dévotion de la manière suivante : « La Mère de miséricorde, qui a serré l'immense dans son sein et qui a couvert le Fils de Dieu des aisles de sa piété maternelle, faisoit dessein d'étendre le manteau de sa protection sur toute la Flandre Gallicane, côme aussi d'ouvrir plus grâcieusement ses yeux en certains lieux de cette province. Le premier lieu qu'elle a gagné se nomme Esquermes, place petite, mais avantageuse aux desseins de la B. Dame et capable d'estre fortifiée de ses faveurs. »

Voici dès-lors ce qui arriva : L'an mil quatorze, quelques bergers, qui faisaient paître leurs troupeaux au village d'Esquermes, aperçurent au milieu d'un buisson une belle statue de la sainte Vierge, qu'ils n'y avaient jamais vue, sans qu'ils pussent deviner ni par qui, ni depuis combien de temps elle y avait été placée. En passant devant cette image, « les troupeaux, dit l'historien que nous venons de citer, avoient coutume de s'arrester tout court, quoique chassés à la pasture, et les brebis comme frappées d'estonnement ou surprises de quelques lumières de raison, plioient les genoux en terre, en posture de supplier et d'honorer la Mère de Dieu. Les simples pastoreaux prirent plaisir à suivre l'exemple de leurs ouailles, apprenant d'elles volontiers la façon d'honorer la Reyne du Ciel à genoux et à cœurs soumis... » Ces prodiges, ainsi que les grâces qu'ils reçurent, firent voir à ces bergers que la Mère de Dieu avait choisi ce lieu pour y être servie et les engagèrent à continuer une si sainte pratique.

Le bruit s'en répandit bientôt dans tous les environs : Bauduin IV, comte de Flandre, en fut informé : il se sentit d'abord inspiré d'avoir recours à *Marie* dans ce même lieu, pour obtenir par son intercession la guérison d'une maladie, qui jusqu'alors avait été incurable. C'était un flux de sang, dont il était incommodé depuis dix-sept ans, sans qu'aucun remède eût pu lui apporter le moindre soulagement.

Il se rendit donc à Esquermes, où il se prosterna devant la sainte image, et après y avoir fait sa prière, avec autant de ferveur que de confiance, il obtint l'entière guérison de son mal et le parfait rétablissement de sa santé.

Une faveur si extraordinaire demandait une reconnaissance, qui répondît à ce bienfait, et qui fût digne de la piété et de la magnificence de ce prince. Pour cela il se crut obligé de faire en sorte que l'on rendit à *Marie*, devant son image miraculeuse, un culte qui se perpétuât dans les siècles à venir.

Il acheta le fonds, où était le buisson, et quelques autres terres voisines, et les ayant fait défricher, il y bâtit la chapelle qu'on y voit encore aujourd'hui. Le maître-autel fut mis à la place du buisson, et l'image miraculeuse y fut placée.

Et pour assurer la perpétuité du culte qu'on y rendrait à la Mère de Dieu, il y établit un chapelain, et l'obligea à un certain nombre de messes chaque semaine, pour la commodité de ceux qui y viendraient honorer la sainte image.

Origine du nom de Notre-Dame de Réconciliation, sous lequel la sainte Vierge est honorée dans la chapelle d'Esquermes.

Quoique cette chapelle ait été consacrée à Dieu, sous le titre de l'*Annonciation de Marie*, et qu'il soit naturel de penser que c'est pour cela qu'on donne à la Vierge, qui y est honorée, le nom de *Notre-Dame de Réconciliation*, parce que ce fut dans ce mystère que le Verbe, se faisant chair, commença de réconcilier les hommes avec Dieu; cependant une tradition très-ancienne donne à ce titre une autre origine.

Voici ce qu'on lit dans l'historien déjà cité : « C'est une chose avérée que l'an 1084, lorsque l Vierge estoit honorée uniquement en cette chapelle, près de Lille, S. Arnould, évesque de

Soissons, qui estoit envoyé du pape pour pacifier le comte Robert et princes séculiers avec les seigneurs ecclésiastiques, non sans heureux succès : dont le saint évesque commença de là à prescher la paix apostolique par toute la Flandre, qui estoit divisée en haine et factions. Les inimitiés furent esteintes, car les revesches furent ébranlés par la mort estrange de quelques-uns qui vouloient une guerre immortelle. D'asseurance le nom de *Réconciliation* plut à la Vierge des ce temps-là, pour dire qu'elle impêtre à Esquermes le premier et le souverain bien qu'on peut désirer du ciel : c'est d'estre remis en grâce avec Dieu et de déraciner des cœurs les haines envieillies. »

On voit, d'après ce passage, que le titre glorieux de *Notre-Dame de Réconciliation* que Marie possède encore aujourd'hui lui fut donné, il y a bien des siècles, en souvenir des succès qu'obtint saint Arnould, en travaillant à la réconciliation de plusieurs ennemis : succès qu'il attribua à Notre-Dame d'Esquermes.

L'histoire a aussi conservé le souvenir de quelques autres réconciliations éclatantes qui se sont opérées par l'intercession de la Mère de Dieu et qui ont contribué à la maintenir en possession du beau titre qui lui avait été décerné.

On cite Pierre Borgne et Bauduin Langlée, tous deux bourgeois de Lille, qui ayant eu ensemble une querelle, nourrissaient depuis lors un vif désir de se venger. L'un d'eux visitait souvent la sainte chapelle, et l'autre s'était mis en embuscade pour le tuer. « Celui-ci à voir son homme retourner, lui coure sus l'espée nue en main pour le percer. Le désarmé rebrousse chemin à la course ; le furieux le talonne de près et le joint devant la chapelle, mais au plus beau de jouer son coup, le courage luy tombe et l'espée de la main, voire tous deux changés soudain par une vertu divine, au lieu de s'entrecouper la gorge, ils s'embrassent l'un l'autre cordialement et font peindre au portail la substance du miracle.

« Semblable prodige arriva à un autre bourgeois de Lille, lequel sçachant que le comte de St. Pol luy estoit ennemy mortel ne laissoit pas de visiter la sainte chapelle, pensant qu'en ce dévot exercice nul malheur lui pouvoit avenir. Il tomba dans les embusches dressées pour lui oster la vie : mais au rencontre ses ennemys furent frappés comme d'aveuglement, et rien ne se présentoit à leurs yeux qu'une Dame vestue de blanc (1410). »

Il serait aisé de rapporter encore d'autres exemples de semblables merveilles attestées pa des personnes dignes de foi, et dont les monuments authentiques se voyaient encore avant la révolution, dans les tableaux que la reconnaissance des fidèles avait fait mettre en ce saint lieu.

Mais nous ne croyons pas qu'il soit nécessaire de faire ici un détail spécifié de tous les évènements extraordinaires, dans lesquels la protection singulière de *Marie* a paru très-sensiblement à tous ceux qui, dans leurs besoins, y ont eu recours.

Nous nous contenterons de faire remarquer, avec l'auteur que nous suivons, qu'il était notoire autrefois par le témoignage des plus anciens habitants d'Esquermes, qui tenaient cette tradition de leurs pères, que dans les temps reculés, des confesseurs éclairés conseillaient ou ordonnaient à leurs pénitents, qui avaient quelque inimitié, d'y aller faire des pèlerinages, pour obtenir de Dieu l'esprit de paix et de charité, et une parfaite réconciliation avec leurs ennemis.

Conduite qui prouve bien la persuasion où on a été de tout temps, que *Marie* s'était acquis le titre de *Notre-Dame de Réconciliation*, par des faveurs spéciales qu'elle se plaisait à accorder particulièrement dans cette sainte chapelle, à tous ceux qui voulant se défaire d'une haine opiniâtre, remettaient leurs querelles entre ses mains, ou à d'autres qui, désirant de fléchir des ennemis implacables, recouraient à sa bonté.

Au reste, cette réconciliation avec ses ennemis, n'étant qu'une disposition nécessaire pour se réconcilier avec Dieu, suivant cet oracle de *Jésus-Christ : Pardonnez, et on vous pardonnera.... Si vous ne pardonnez pas de bon cœur à vos ennemis, mon Père céleste ne vous pardonnera pas non plus,* nous ne devons pas seulement honorer et invoquer la sainte Vierge à Esquermes, pour obtenir la grâce de nous réconcilier avec nos ennemis, mais principalement pour avoir celle d'être réconciliés avec Dieu.

Notre-Dame de Réconciliation! ce titre seul nous y invite; il nous fait souvenir que Marie est notre *Médiatrice auprès de son Fils,* et qu'il n'y a rien que nous ne devions attendre de sa puissance, si elle veut employer en notre faveur le crédit qu'elle a auprès de lui.

C'est de tout temps que l'Eglise a reconnu que *Marie* peut tout, par intercession auprès de Dieu. Que l'hérésie en frémisse, que le libertinage en fasse le sujet de ses railleries, que la fausse piété s'en scandalise, le même zèle pour sa gloire, qui inspira les saints Pères, nous animera toujours ; et nous ne craindrons pas, en copiant leur langage, de dire qu'elle est le soutien des justes, le refuge des pécheurs, la médiatrice entre Dieu et les hommes, la dispensatrice des trésors célestes ; que c'est par elle que Dieu fait passer ses grâces ; que c'est par ses mains qu'il répand sur nous ses faveurs, et que si tout don d'en haut vient du Père des lumières, il nous est communiqué par l'entremise de *Marie*.

Ces pieux sentiments des Pères, si glorieux à la sainte Vierge, sont fondés sur l'alliance étroite qu'il y a entre Dieu et Elle : car s'il a promis de faire la volonté de ceux qui le craignent, *voluntatem timentium se faciet*, s'il a donné en quelque sorte une efficace immense à la foi de ses serviteurs ; s'il s'est tellement prêté aux désirs du fidèle Josué ; que contre le cours ordinaire de la nature, il a arrêté le soleil au milieu de sa course, pour éclairer sa victoire ; si pour parler le langage de l'écriture, il a obéi à sa voix, *obediente Deo voci hominis*, pourrait-on s'imaginer que ce même Dieu ait voulu mettre des bornes au pouvoir de celle qui, par-dessus les avantages d'être la plus sainte, la plus fidèle et la plus chérie de ses servantes, a encore la glorieuse prérogative d'être sa *Mère* ?

Mais de quoi serviraient à *Marie* ce crédit et

ce pouvoir, si ce n'était pour les employer entièrement en notre faveur? Elle y est engagée, puisque *Jésus-Christ* nous a remis à ses soins, et qu'il nous l'a donnée pour Mère, lorsqu'il était sur le point de consommer le grand ouvrage de notre réconciliation avec son Père. Cette circonstance doit nous faire concevoir qu'elle est principalement une Mère de réconciliation pour les pécheurs, qu'elle se plaît à être invoquée sous ce nom, et que plus puissante, en cette qualité auprès de Dieu, que ne l'était Aaron qui, l'encensoir à la main, arrêtait l'impétuosité des flammes vengeresses, elle nous est donnée pour arrêter, adoucir, désarmer sa colère, lorsqu'elle est le plus près d'éclater sur nous.

Il se plaignait autrefois par son prophète, ce Dieu miséricordieux, qu'il ne trouvait personne qui mît entre lui et son peuple, un mur pour arrêter sa vengeance; mais depuis qu'il a donné aux hommes *Marie* pour Mère, elle ne cesse de s'opposer respectueusement à son courroux; elle le retient, elle l'apaise, et pour nous servir de l'expression des livres saints; elle combat contre lui pour Israël. Combien de fois, à la prière de *Marie*, la foudre ne lui est-elle pas tombée des mains? Combien de fois, à sa sollicitation, n'a-t-il pas différé les châtiments les plus justes? Combien de fois forcé, si je l'ose dire, par ses saintes importunités, n'a-t-il pas fait même des miracles de grâce, pour ramener à lui des âmes rebelles et toucher des hommes endurcis par le crime.

On pourrait entrer dans le détail, et sans sortir d'Esquermes, on trouverait dans le passé cent faits capables de contenter un lecteur que la critique et l'incrédulité n'auraient pas raidi contre tout ce qui approche de l'extraordinaire. Mais il suffit de dire qu'il n'y a jamais eu de pécheur, quelque criminel qu'il fût, qui touché de ses désordres se soit adressé à *Marie*, sans éprouver les effets de son crédit auprès de Dieu, et de sa bienveillance pour les hommes. C'est sur ce principe que s'écriait avec tant de confiance un saint Père : que celui-là, ô Vierge sainte, refuse de chanter vos miséricordes, qui peut vous reprocher de lui avoir manqué, lorsqu'il vous invoquait au jour de la détresse. *Ille misericordiam tuam sileat, ô Virgo, qui te in suis necessitatibus invocatam meminerit defuisse.*

Mais si nous pouvons nous assurer que *Marie* est pour nous une mère de réconciliation et de salut, il ne faut pas se flatter en aveugle, qu'on trouvera dans sa protection de quoi autoriser le vice et le libertinage : ce serait la déshonorer que de croire qu'elle soit capable de protéger ceux qui, vivant dans le désordre, n'ont recours à elle qu'avec la présomptueuse confiance d'obtenir l'impunité de leurs dérèglements : *Marie* est la protectrice des criminels, mais elle ne peut être l'appui du crime; elle est l'asile des pécheurs, mais elle ne l'est que des pécheurs contrits; elle est la mère de réconciliation, mais elle ne l'est que pour ceux qui, effrayés de se voir ennemis de Dieu, cherchent à rentrer en grâce avec lui, veulent rompre leurs chaines, et recouvrer la liberté de ses enfants.

Ce n'est qu'avec ces précautions, et par un pur motif de la gloire de *Marie*, qu'on cherche à réveiller dans le cœur des fidèles le zèle qu'ils doivent avoir pour se ménager une protection aussi puissante que la sienne ; et à renouveler la ferveur de son culte, dans un lieu autrefois si fréquenté par le concours des peuples de toutes les villes voisines, et si honoré par la piété des véritables serviteurs de la sainte Vierge.

Dieu se trouve partout, quand on le cherche avec un cœur droit, il est vrai ; mais il n'est pas moins certain qu'il attache souvent ses grâces à un lieu plutôt qu'à un autre ; et on peut dire, sans rien hasarder, que la célèbre chapelle d'Esquermes est un de ces lieux choisis, où il lui a plu de faire éclater plus spécialement le pouvoir de sa Mère. Les tableaux dont elle était encore ornée à la fin du dernier siècle, les ex-voto qu'on y voyait, l'heureuse et longue expérience d'innombrables fidèles, ont fait assez connaître qu'on ne l'y a pas invoquée en vain, et qu'il n'y a aucune sorte de besoins dans lesquels on ne puisse être soulagé, quand on y a recours à elle avec confiance.

Pénétrés donc des mêmes sentiments de piété, dont étaient touchés nos pères, allons souvent dans ce saint lieu rendre nos hommages à *Marie*, devant son image, mais allons les lui rendre en véritables chrétiens. Ne rougissons pas de certains exercices de dévotion, autorisés et consacrés de tout temps par l'Eglise, et qui ne pourraient être méprisés que des hommes qui n'ont pas le goût des choses de Dieu. Unissons-nous à tant de religieux chrétiens, qui se sont toujours fait, et qui se font encore un devoir d'honorer, dans la chapelle d'Esquermes, la Reine des Anges et des hommes, la Mère de Dieu et la leur, et enrôlons-nous à leur exemple dans la sainte confrérie qui y est canoniquement érigée.

Mais puisque *Marie* a voulu être honorée à Esquermes sous le titre de *Notre-Dame de Ré-*

conciliation; que la principale fin de nos pèlerinages soit d'obtenir cette paix si désirable avec Dieu, avec le prochain, avec nous-mêmes. *Si, effrayé de l'énormité de vos crimes*, dit saint Bernard, *vous êtes près de tomber dans le désespoir, recourez à Marie; elle saura vous réconcilier avec son Fils; si vous êtes agité des mouvements impétueux de l'orgueil, de l'ambition, de l'envie, de la colère, de l'avarice, de la volupté* (toutes passions propres à nous mettre en guerre avec Dieu, avec le prochain, avec nous-mêmes) *invoquez Marie* : ces furieuses tempêtes, qui ne vous menacent pas moins que d'un naufrage éternel, se calmeront bientôt, et vous sentirez par une heureuse expérience que ce n'est pas en vain que *Marie* porte le doux nom de *Notre-Dame de Réconciliation*, puisqu'elle saura ménager et consommer la vôtre avec Dieu, avec le prochain, avec vous-même.

Ces pélerinages seront aussi avantageux aux âmes pieuses, aussi édifiants pour tout le peuple, que glorieux à *Marie*, si on les fait avec cet esprit de religion et de piété que l'Eglise désire en autorisant cette dévotion salutaire.

PÉLERINAGE A NOTRE-DAME D'ESQUERMES.

La guérison miraculeuse du comte de Flandre,

et plusieurs faveurs signalées, que d'autres personnes reçurent dans cette chapelle, y attirèrent des endroits même les plus éloignés un très-grand nombre de pèlerins.

Guillaume, prévôt de la collégiale de Saint-Pierre à Lille, sous la juridiction duquel était cette chapelle, donna en 1222 une charte, dans laquelle il témoigne que, dès-lors, ce sanctuaire était célèbre par sa haute antiquité et la piété qu'il inspirait.

Afin d'exciter encore davantage les fidèles à honorer en ce saint lieu la glorieuse Mère de Dieu, il statua dans cette charte, du consentement de son chapitre, que dans la suite la charge bénéficiale de cette chapelle ne serait plus confiée qu'à un ecclésiastique élevé à la dignité du sacerdoce, ou à celui qui serait sur le point d'y être promu; que le chapelain célébrerait la sainte messe trois fois la semaine; que le samedi et les jours de fête il chanterait les vêpres, et qu'enfin il ne commencerait ses fonctions qu'après avoir promis avec serment qu'il desservirait e personne cette sainte chapelle.

Ainsi il est évident qu'après sa fondation, le sanctuaire de Notre-Dame d'Esquermes continua à être entouré de la confiance et de la vénération des peuples.

« Mais qui eût jamais pensé, dit le vieil historien cité plus haut, que la dévotion d'un pélerinage si célèbre se pouvait refroidir en une église des anciens comtes de Flandre. »

Il arriva, comme on voit, que la sainte chapelle tomba, pendant un certain temps, dans une sorte d'oubli, et ce qui en fut la cause, au rapport de Buzelin, ce fut le zèle qu'inspira la nouveauté du pélerinage de Loos, qui s'établit et se mit en possession d'attirer à lui la foule nombreuse des pélerins.

Mais en 1636 Engelbert Desboise, prévôt de la collégiale de Saint-Pierre, ayant, du consentement de son chapitre, confié la desserte de la chapelle de Notre-Dame de Réconciliation aux religieux de la compagnie de Jésus, à condition de fournir un prédicateur à cette collégiale, la chapelle de Notre-Dame d'Esquermes devint de nouveau un pélerinage célèbre dans toute la Flandre.

Pour animer la dévotion et fixer l'attention de ceux que la piété conduisait à *Notre-Dame de Réconciliation,* on érigea sur le chemin de Lille à Esquermes sept oratoires, qui étaient comme autant de stations qui unissaient la chapelle à la ville, et où étaient représentés les sept principaux voyages que la sainte Vierge fit pendant sa vie. (Ce chemin se nomme encore aujourd'hui rue des Stations).

Laissons encore notre vieil auteur raconter tout cela en son style simple et naïf : « Les Pères de la Compagnie de Jésus n'ont rien eu plus à cœur, que de remettre en fleur le culte de la Mère de Dieu. Ce fut une invention divine que de dresser sur pierres huict tableaux, (l'auteur ajoute aux sept stations le tableau qui était au-dessus du portail de la chapelle) qui représentent en peintures huict voyages ou pélerinages que la Mère de Dieu a faits en terre ; et fut trouvé fort à propos de les placer avec leur distance, sur un chemin estroit, qui mène du fossé de la ville à l'église miraculeuse, comme en compagnie de la Vierge, le long d'un fleuve, et celuy-ci aussi très-commode à fonder les structures de dévotion sur sept ponts publics avec quelque degré pour fleschir les genoux devant les images. »

Voici les différents sujets qui furent représentés aux sept oratoires :

Au premier oratoire était représenté le premier voyage que fit la sainte Vierge, lorsqu'à l'âge de trois ans elle alla se consacrer à Dieu dans le temple de Jérusalem.

Au second oratoire était représenté le voyage

que fit *Marie*, lorsqu'après avoir conçu le Verbe éternel, elle alla rendre visite à sainte Elisabeth, sa cousine.

Au troisième oratoire était représenté le voyage qu'entreprit *Marie*, lorsque pour se soumettre à l'édit de l'empereur Auguste, elle se transporta à Bethléem et y mit au monde le Messie.

Au quatrième oratoire était représenté le voyage que fit *Marie*, le jour de sa Purification, lorsque, selon la loi, elle alla présenter son Fils à Dieu dans le temple de Jérusalem.

Au cinquième oratoire était représenté le voyage de *Marie*, qui s'enfuit en Egypte, pour dérober l'enfant *Jésus* à la fureur du roi Hérode.

Au sixième oratoire était représenté le voyage que fit *Marie*, lorsqu'ayant perdu son cher Fils, elle le retrouva dans le temple au milieu des docteurs.

Au septième oratoire était représenté le douloureux voyage que fit *Marie*, lorsqu'elle rencontra *Jésus*, qui portait sa Croix et l'accompagna jusque sur le Calvaire.

Au-dessus du portail était représenté la triomphante Assomption de *Marie*.

Quand tout fut ainsi disposé, on voulut inaugurer, par une procession magnifique et une neuvaine solennelle, cet antique et célèbre pélerinage. On choisit pour cette cérémonie le dimanche dans l'octave de la Visitation de la sainte Vierge. Voici les curieux détails de cette procession, tels que nous les a transmis l'historien que nous avons plusieurs fois cité :

« Le samedy (veille de la procession) la jeunesse du collége alla quérir à Esquermes, en bel ordre, la statue de *Notre-Dame*, et la mena en triomphe dans Lille avec torches et musique, à laquelle respondoient les cloches de la ville par resjouyssance de ce que la Vierge daignoit la visiter, après 400 ans qu'elle n'avoit bougé, pour la réveiller à luy rendre la visite. Elle fut logée la nuit dans son église de la Conception, où on n'oublia nul devoir de piété pour l'accueillir ce soir, ny le lendemain pour l'honorer et enflammer les bourgeois à ces pélerinages dévots. Achevés que furent les offices divins dans l'église, la procession solennelle eut son commencement pour reconduire la Reyne du Ciel en son église d'Esquermes avec tout l'appareil désirable. Les jeunes escoliers marchoient les premiers représentant divers personnages et les titres de la Vierge en quarante-six enseignes de soye : deux cents torches brilloient aux costés. Les religieux de la Compagnie de Jésus suivoient, entre lesquels la jeunesse du séminaire des

Hibernois faisoit l'office du clergé avec les surplis, accompagnée en suite de son président et des pasteurs d'Esquermes et de Wazenes avec leurs chapelains et officiers. La musique et les instrumens ravissoient les oreilles devant la statue de la Vierge qui estoit ornée par les dames dévotes à l'envy. Aucuns Pères de la Compagnie de Jésus prestoient leurs espaules au sacré faix, succédants les uns aux autres sans s'en départir. Le très-révérend prélat de Loz (M. Foucard) avec deux prestres des siens fermoit la pompe et tenoit la place de l'évesque consacrant en pontifical chacune des sept stations comme des sanctuaires de dévotion jusques à l'église de *Notre-Dame* à Esquermes, où après les concerts musicaux il congédia le peuple innombrable avec sa bénédiction solennelle. La fin de ce jour de feste ne fut qu'un commencement de la neuvaine célébrée pareillement et des pélerinages en suite. »

Le pélerinage de *Notre-Dame de Réconciliation* ne cessa d'être fréquenté que vers la fin du siècle dernier, époque où le fanatisme révolutionnaire fit fermer les temples et proscrivit toute démonstration de croyance religieuse.

Au rétablissement du culte, l'ancienne église paroissiale d'Esquermes ayant été démolie, la chapelle de *Notre-Dame de Réconciliation* fut érigée en paroisse ; elle fut agrandie et restaurée en 1831 ; mais aujourd'hui, encore insuffisante pour les besoins de la population qui s'accroît, on est en instance pour obtenir la construction d'une église plus vaste qui serait placée sur un autre terrain.

Il a été question de vendre la chapelle pour subvenir aux frais de construction de la nouvelle église ; mais quelques amis des arts et des souvenirs historiques ayant demandé au gouvernement la conservation de ce monument, une décision récente du Ministre de l'intérieur l'a classée parmi les monuments à conserver.

Voici ce qu'on lit dans le compte-rendu d'une séance de la commission historique du Département du Nord :

« La société française pour la conservation des monuments historiques réunie en congrès à Lille, au mois de Juin 1845, avait adressé à M. le Ministre de l'intérieur une pétition au sujet de l'église de Notre-Dame d'Esquermes, dont la démolition avait été décidée par le Conseil municipal de cette commune. M. le Ministre ayant chargé M. le Préfet du Nord de faire une enquête sur cet objet, ce magistrat, par une lettre du 13 Août 1845, saisit la commission historique du département de cette importante question. La commission, après en avoir délibéré, nomma dans la séance du 16 Août, une sous-commission composée de MM. Gentil, Benvignat, Mille et de Melun, pour lui faire un rapport qui lui fut soumis le 30 Octobre 1845.

Ce rapport fait par M. le vicomte de Melun fut approuvé par la commission historique, et servit de base à la réponse faite en son nom à M. le Préfet du Nord........ »

En voici les conclusions :

« Messieurs, l'église d'Esquermes, sur laquelle M. le Préfet du Nord a appelé l'attention de la commission historique, est peut-être le seul monument ancien qui reste dans les environs de Lille. Son origine remonte au berceau même de cette grande cité. (Suivent des détails historiques consignés plus haut).......

» Votre commission pense avec la société française que le gouvernement qui, dans toutes les circonstances, témoigne une sollicitude si éclairée pour les arts et les souvenirs historiques, ne peut vouer à une destruction imminente l'un des rares monuments qui ont survécu dans ce pays à tant de guerres et de vicissitudes.

» Il nous serait facile de prouver, à défaut de considérations historiques, que l'intérêt bien entendu de la commune d'Esquermes doit faire repousser l'autorisation qu'elle demande, et d'appuyer ainsi la protestation de la société française contre cette tendance à sacrifier, pour un médiocre profit du moment, les souvenirs du passé et les intérêts de l'avenir.

» Mais nous pensons, messieurs, n'avoir pas besoin de nouveaux motifs pour justifier à vos yeux les conclusions que nous avons l'honneur de vous présenter. Votre commission a été unanimement d'avis que vous devez engager M. le Préfet du Nord à user de toute son influence pour la conservation de ce petit monument, que recommandent à la fois les souvenirs historiques, les précieux vestiges de l'antiquité, et surtout ces traditions vénérables qui, dans un pays éminemment religieux, offrent un aliment à la piété des peuples. »

Manière de pratiquer la dévotion envers Notre-Dame d'Esquermes, ou prières qui se faisaient en visitant les stations sur le chemin de sa chapelle.

QUOIQUE le temps, l'incurie, et surtout sans doute le vandalisme, aient fait disparaître ces stations, précieux monuments de la piété de nos pères, nous donnerons cependant dans ce petit livre les prières pleines d'onction qui avaient été composées pour inspirer des sentiments pieux aux pélerins, et nous y ajouterons les considérations saintes et salutaires qui les accompagnaient, et qui sont si propres à animer les fidèles à imiter les beaux exemples de la plus parfaite des créatures.

Les pélerinages de dévotion que l'on fait aux saints Lieux où *Marie* fait éclater sa puissance, n'ont jamais manqué d'être utiles et salutaires à ceux qui les entreprennent. Il n'est pas nécessaire de le prouver par un grand nombre d'exemples. Celui de sainte Marie d'Ognies peut seul nous suffire. Il est rapporté dans sa vie que cette fidèle servante de la Mère de Dieu allait souvent nu-pieds, pendant les rigueurs mêmes de l'hiver, à une église assez éloignée, où l'on honorait particulièrement la sainte Vierge. Que de faveurs spéciales, que de consolations intérieures n'y reçut-elle pas? On a vu les Anges mêmes, charmés de sa rare piété, venir lui rendre mille petits services, qui marquaient combien ils sont sensibles aux hommages qu'on rend à leur Reine. Ce qu'ils faisaient d'une manière visible, à l'égard de cette grande sainte, ils le font encore tous les jours invisiblement à l'égard de ceux qui sont dévots à *Marie*. Que ce motif est puissant pour engager les fidèles à honorer la Mère de Dieu dans sa sainte chapelle d'Esquermes, où elle a donné tant de marques de sa bonté et de sa puissance!

Ce qu'il faut faire avant le pèlerinage.

Pour rendre vos prières plus agréables à Dieu et plus efficaces, ayez soin, avant de sortir de chez vous, de faire cet acte de contrition, plus de cœur que de bouche; persuadé que les bonnes œuvres ne sont jamais méritoires de la vie éternelle, si elles se font en état de péché mortel.

ACTE DE CONTRITION.

Mon Sauveur et mon Dieu, qui m'avez aimé jusqu'au point de mourir pour moi sur la croix, je suis triste de tout mon cœur d'avoir offensé votre bonté infinie que j'aime par-dessus toutes choses, uniquement en vue d'elle-même. Dieu de miséricorde, pardonnez-moi tous mes péchés; je les déteste de toute l'étendue de mon cœur, je veux m'en confesser au plus tôt : je suis résolu d'en faire satisfaction et de me corriger en gardant mieux désormais tous vos commandements, avec le secours de votre grâce, que je vous demande par votre sainte Passion, par l'intercession de *Marie, mère de Réconciliation*, et par les mérites de tous les Saints. Ainsi soit-il.

Ensuite priez la sainte Vierge qu'elle daigne vous accompagner avec son Fils, avec votre Ange Gardien, et avec vos saints Patrons. Proposez-vous la fin pour laquelle vous allez faire ce pélerinage. Il ne convient pas de l'entreprendre au hasard et par manière d'acquit ; pour vous le rendre utile et méritoire, récitez la prière suivante, ou quelqu'autre semblable.

ORAISON PRÉPARATOIRE.

Mon *Jésus*, je n'entreprends ce pélerinage que pour votre amour, et que pour imiter ceux que votre sainte Mère a faits. Je vous offre tous les sentiments de dévotion, d'amour et de respect qu'ont jamais eus tous les Saints dans leurs voyages, et particulièrement *Marie*, votre auguste Mère : daignez, ô mon Dieu, m'inspirer une ardeur constante et un zèle infatigable pour votre service ; dressez tous mes pas à votre plus grande gloire. Je vous les consacre principalement pour etc. (*rappelez ici la principale fin de votre pélerinage, et ensuite les autres, selon votre dévotion*).

Exemples :

Pour obtenir quelque bienfait, ou en rendre grâces à Dieu et à la sainte Vierge.

Pour imiter les sacrés pèlerinages de *Jésus* et de *Marie*.

Pour expier vos péchés, et payer tous les pas que vous avez perdus, en vous écartant du sentier de la justice.

Pour vous réconcilier parfaitement avec Dieu, avec le prochain, avec vous-même.

Pour étouffer les inimitiés qui règnent dans le monde.

Pour recommander le bien public à *Dieu* et à *Marie*.

Pour soulager les âmes qui souffrent en purgatoire.

Pour vous exciter à la vertu, dont *Marie* vous a laissé de si beaux traits dans tous ses voyages.

Ajoutez ensuite :

Mère de Réconciliation, obtenez-moi la pureté de cœur qui est si nécessaire à tout véritable pèlerin ; assistez-moi avec votre Fils dans ce petit voyage. Mon charitable Gardien, mon aimable Patron S. N. accompagnez-moi pas à pas d'oratoire en oratoire. Ainsi soit-il.

Ce qu'il faut faire en chemin.

Vous étant ainsi préparé, commencez dévotement votre pèlerinage, et arrivé à la porte de la ville, qui est singulièrement consacrée à la sainte

Vierge, (cette porte se nommait porte Notre-Dame), saluez-y son image, à l'exemple de saint Bernardin, qui avait coutume d'aller la saluer tous les jours à la porte de Sienne, et à qui sa rare et fervente dévotion pour *Marie* obtint une sainteté éminente, accompagnée du don des miracles.

De là continuant votre route vers le premier oratoire, récitez ou seul, ou avec quelques pieux compagnons, les Litanies de la sainte Vierge, qui sont à la fin de ce livre. Puis occupez-vous de pensées saintes ou vous entretenez de quelques discours édifiants.

1.er Oratoire. — Présentation au Temple.

Après avoir médité attentivement ce mystère, présentez votre cœur à *Marie*, et par ses mains à son Fils, pour le servir fidèlement et constamment toute votre vie. Ensuite récitez la prière suivante, ou le *Pater*, l'*Ave* et le *Credo*. Ce qui doit se faire à chaque oratoire.

PRIÈRE.

Mère de Paix et de Réconciliation, je vous prie de tout mon cœur par le saint voyage que vous fîtes à l'âge de trois ans, pour vous consacrer à Dieu dans son temple, que vous daigniez m'obtenir de votre Fils la douleur et le pardon de mes péchés, qui seuls peuvent mettre la division entre lui et moi, et que vous lui présentiez mon cœur dans l'union du vôtre, pour le servir sans l'abandonner jamais. Ainsi soit-il.

En quittant cet oratoire pour aller au second, récitez dévotement la première dizaine de votre chapelet et occupez-vous l'esprit du mystère que vous venez de méditer. A la fin de la dizaine dites avec les neuf chœurs des Anges :

Soyez bénie mille fois, *O Mère de Réconciliation*, et Reine des Anges, des Archanges, des Vertus, des Principautés, des Puissances, des Dominations, des Trônes, des Chérubins, des Séraphins, dans la compagnie desquels nous espérons vous voir et vous louer éternellement. Obtenez-nous la pureté d'intention, et priez pour les âmes du Purgatoire.

2.e Oratoire. — Sa Visitation.

Méditez-y ce mystère et récitez la prière suivante, ou le *Pater*, l'*Ave* et le *Credo*, comme auparavant.

PRIÈRE.

Mère de Paix et de Réconciliation, je vous prie de tout mon cœur, par le pénible voyage que vous entreprîtes pour visiter sainte Elisabeth, pour réconcilier saint Jean-Baptiste avec Dieu, et le remplir du Saint-Esprit, que vous daigniez m'obtenir de votre Fils la douleur et le pardon de mes péchés, qui seuls me le peuvent rendre ennemi, et faire en sorte que, réconcilié avec lui, je sois sanctifié et rempli du Saint-Esprit, comme le Précurseur du Messie.

Ainsi soit-il.

Puis récitez la seconde dizaine en méditant ce mystère, *et à la fin dites avec tous les saints de l'ancien testament* :

Soyez bénie, ô Mère de Réconciliation et Reine des Patriarches et des Prophètes de l'ancien testament, dans la compagnie desquels nous espérons vous voir et vous louer éternellement.

Obtenez-nous la véritable sagesse, et daignez prier pour les âmes du Purgatoire.

3.e Oratoire. — Voyage à Bethléem.

Méditez encore ce grand mystère, et ensuite récitez la prière suivante ou le *Pater*, etc.

PRIÈRE.

Mère de Paix et de Réconciliation, je vous prie par le voyage que vous fîtes à Bethléem, où vous enfantâtes le Médiateur des hommes, que vous daigniez m'obtenir de votre Fils la douleur et le pardon de mes offenses, qui seuls m'éloignent de lui, afin que, réconcilié avec lui et avec mon prochain, je puisse goûter cette paix que les Anges annoncèrent au moment de sa naissance. Ainsi soit-il.

Puis, ayant récité la troisième dizaine et médité sur ce mystère, *dites avec les Apôtres :*

Soyez bénie, ô Vierge glorieuse, et Reine des Apôtres et de tous les disciples du Sauveur, avec lesquels nous espérons vous voir et vous louer éternellement.

Obtenez-nous le zèle du salut des âmes et de la gloire de Dieu, et daignez employer votre puissant crédit en faveur des âmes du Purgatoire.

4.e Oratoire. — Présentation de J. C. au Temple et purification de Marie.

Après avoir fait une méditation courte et fervente sur ce double mystère, récitez dévotement l'oraison suivante, ou le *Pater*, etc.

PRIÈRE.

Mère de Paix et de Réconciliation, je vous prie par le saint voyage que vous fîtes pour présenter votre Fils au Père éternel dans le temple, que vous daigniez m'obtenir la douleur et le pardon de mes péchés, afin que, réconcilié avec mon Dieu, je puisse présenter des offrandes agréables à sa divine Majesté.

Ainsi soit-il.

Puis, récitant la quatrième dizaine, continuez votre pèlerinage avec des sentiments dévots, que vous inspirera le mystère que vous venez de méditer, et à la fin dites *avec tous les saints Martyrs* :

Soyez bénie, ô Reine des Martyrs, avec qui nous espérons vous voir et vous louer éternellement. Obtenez-nous la force et la patience dans les tribulations, et priez pour les âmes du Purgatoire.

5.e Oratoire. — Fuite en Egypte.

Admirez la soumission de *Marie* aux ordres du Seigneur. A peine lui sont-ils signifiés, qu'elle passe dans une terre étrangère ; elle essuie les fatigues d'un long et pénible voyage : rien ne l'arrête, rien ne la rebute, fut-il jamais une obéissance plus prompte et plus courageuse ?

Méditez attentivement ce mystère, et dites la prière suivante, ou le *Pater*, l'*Ave* et le *Credo*.

PRIÈRE.

Mère de Paix et de Réconciliation, par le triste voyage que vous dûtes faire en Egypte, pour sauver votre Fils des mains du cruel Hérode, je vous supplie de m'obtenir la douleur et le pardon de mes péchés, afin que, réconcilié avec Dieu et soutenu de sa grâce, je puisse éviter les pièges de mes ennemis invisibles.

Ainsi soit-il.

Allez ensuite vers la sixième station, en récitant en la manière accoutumée la cinquième dizaine, *et finissez en disant avec tous les saints Confesseurs :*

Soyez bénie à jamais, ô Reine des saints Docteurs et des Confesseurs, dans la compagnie desquels nous espérons de vous voir et de vous bénir éternellement. Obtenez-nous l'esprit d'humilité et de pénitence, et priez pour les âmes qui souffrent en Purgatoire.

6.e Oratoire. — Voyage pour retrouver Jésus.

Après avoir médité dévotement la peine et la joie que ressentit la sainte Vierge, lorsqu'elle perdit et retrouva son cher Fils, récitez l'oraison suivante, ou le *Pater, Ave, Credo.*

PRIÈRE.

MÈRE de Paix et de Réconciliation, par le voyage que vous fîtes avec tant de peine et d'inquiétude, pour chercher votre cher Fils, je vous prie de m'obtenir la douleur et le pardon de mes péchés qui me l'ont fait perdre, afin que je puisse le retrouver par le moyen d'une salutaire pénitence et d'une réconciliation parfaite : faites que je ne m'éloigne plus jamais de lui. Ainsi soit-il.

Vous irez ensuite au dernier oratoire, avec la même dévotion, en récitant la sixième dizaine de votre chapelet ; imaginez-vous que vous accompagnez *Jésus, Marie* et *Joseph*, qui sortent de Jérusalem, pour s'en retourner à Nazareth. *Puis dites avec toutes les Vierges :*

Soyez bénie, Reine des Vierges, et excellent modèle des âmes pures, nous vous conjurons de nous obtenir le don de chasteté, afin que dans votre compagnie, et avec la troupe choisie, nous suivions partout l'Agneau sans tache.

Mère de Paix et de Réconciliation, priez pour les âmes du purgatoire.

7.e Oratoire. — Douloureuse rencontre de Jésus portant sa Croix.

MÉDITEZ ici avec les sentiments de la plus vive dévotion l'affligeante rencontre de la Mère et du Fils, ensuite dites la prière suivante, ou le *Pater, Ave, Credo.*

PRIÈRE.

Mère de Paix et de Réconciliation, je vous prie de tout mon cœur, par le triste voyage que vous fîtes pour assister à la mort ignominieuse de votre cher Fils, qui allait consommer sur la croix le grand ouvrage de la Réconciliation des hommes, que vous ayez la bonté de m'obtenir la douleur et le pardon de mes péchés; afin que, réconcilié avec ce divin Sauveur, je puisse comme le disciple bien-aimé vous avoir désormais pour Mère. Ainsi soit-il.

Vous réciterez ensuite, à l'honneur de l'adorable Trinité, les trois *Ave* qui restent de votre chapelet : le premier en saluant *Marie*, comme la fille du Père éternel, et en lui demandant le don de la foi. Le deuxième en la saluant comme Mère du Fils, et en lui demandant la vertu d'espérance. Le troisième, en la saluant comme l'Épouse du Saint-Esprit, et en lui demandant cette parfaite charité, dont il est la source. Ajoutez-y le *Credo* pour faire votre profession de foi, le Psaume *De profundis* pour les fidèles trépassés, et le *Sub tuum præsidium* ou l'*Ave maris Stella*.

Vous finirez ainsi votre chapelet et votre pèlerinage, et vous direz avec toute la cour céleste :

Soyez bénie, ô Vierge glorieuse, et Reine de tous

les saints, dans la compagnie desquels nous espérons vous voir et vous louer dans tous les siècles des siècles. Obtenez-nous la perfection de toutes les vertus, et daignez secourir les âmes du purgatoire.

Avant d'entrer dans la chapelle.

APRÈS avoir médité à chaque station les principaux voyages que Marie fit pendant sa vie, on s'arrêtait à la porte pour y considérer sa triomphante Assomption, représentée au-dessus du portail. On faisait quelques réflexions sur la gloire de *Marie* et sur la joie que cause aux véritables chrétiens la félicité dont elle jouit dans le ciel.

Cette pratique est très-agréable à *Marie*. Nous lisons dans la vie de saint Thomas, archevêque de Cantorbéry, que la Mère de Dieu lui apparut un jour, et l'excita à l'honorer par ce saint exercice : elle lui assura même que, quiconque se ferait un devoir de la féliciter souvent sur sa gloire et sur son bonheur, aurait à la mort la consolation de sentir sa présence, qu'elle le défendrait contre ses ennemis, et le conduirait elle-même au ciel, pour avoir part à sa joie.

Tâchez donc de mériter cette faveur, et félicitez de tout votre cœur cette bienheureuse Vierge sur la gloire immense dont Dieu l'a couronnée. Récitez ensuite la prière suivante, ou le *Pater*.

PRIÈRE.

Mère de miséricorde, source de consolation et de joie, par la gloire infinie dont vous brillez dans le ciel, digne récompense des vertus excellentes que vous avez pratiquées dans vos saints voyages, je vous prie, de toute l'étendue de mon âme, que vous m'obteniez la grâce de marcher, à votre exemple, dans les sentiers de la justice avec tant de fidélité et de constance, que j'aie le bonheur d'arriver au séjour de votre félicité.

Etant entré dans la chapelle.

Après avoir salué profondément l'auguste image qu'on y révère, usez de la pratique suivante, et ajoutez-y ce que votre dévotion pour *Marie* pourra vous suggérer.

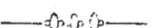

Pratique ou manière de féliciter Marie sur les sept joies qu'elle goûte dans le Ciel depuis sa glorieuse Assomption.

1. Réjouissez-vous, *ô chaste épouse du Saint-Esprit*, de ce que votre éminente pureté vous a

élevée au-dessus de tous les esprits bienheureux. *Pater, Ave.*

2. Réjouissez-vous, *ô admirable Mère de Dieu le Fils*, de ce que votre gloire est comme un soleil qui éclaire toute son Eglise. *Pater, Ave.*

3. Réjouissez-vous, *ô Fille bien aimée de Dieu le Père*, de ce que toute la cour céleste vous honore comme sa Reine. *Pater, Ave.*

4. Réjouissez-vous, *ô fidèle servante de l'adorable Trinité*, de ce que Dieu vous ayant fait la dispensatrice de ses grâces, il les accorde à ceux pour qui vous intercédez. *Pater, Ave.*

5. Réjouissez-vous, *Vierge et Mère*, de ce que vous avez mérité d'être assise sur le trône le plus élevé qui soit dans le ciel, après celui de votre Fils. *Pater, Ave.*

6. Réjouissez-vous, *ô refuge assuré des pécheurs*, de ce que votre puissante protection fait l'appui de leurs plus douces espérances, parce que Dieu daigne faire grâce à ceux qui vous honorent et qui implorent votre secours. *Pater, Ave.*

7. Réjouissez-vous, *fille, Mère, et épouse de Dieu*, de ce que la gloire qui vous environne s'augmente tous les jours et durera dans tous les siècles. *Pater, Ave.*

Retour du pélerinage de Notre-Dame de Réconciliation.

Quand vous aurez satisfait votre dévotion dans la chapelle, retournez-vous-en avec les mêmes sentiments, dont étaient pénétrés les deux disciples qui s'en retournaient d'Emmaüs à Jérusalem. *Notre cœur,* disaient-ils, *ne brûlait-il pas au-dedans de nous-mêmes, lorsqu'il daignait nous expliquer les écritures?* Entretenez-vous ensemble des grandeurs de *Marie,* de sa gloire, de ses vertus, et de tous les exemples qu'elle nous a donnés, pour servir de modèle à tous les vrais disciples de *Jésus.*

Ces entretiens ne manqueront pas de vous remplir l'esprit des plus saintes pensées, et d'allumer dans votre cœur des désirs ardents de vous sanctifier, en marchant sur les traces de cette admirable Vierge. Gardez-vous aussi d'oublier jamais les sentiments qu'elle vous aura inspirés dans ce pieux pélerinage. Souvenez-vous dans toutes les rencontres de ce que vous aurez médité et résolu au pied des oratoires et dans la sainte chapelle; et que vos discours, votre maintien, et toutes vos démarches fassent connaître à tout le monde combien il est utile et salutaire d'aller honorer *Marie* dans ce lieu, où elle se plaît à répandre ses faveurs.

Les personnes que leurs occupations indispensables, ou quelque incommodité empêcheront de faire ces prières dans la chapelle, pourront y suppléer en méditant chez elles ce qu'elles liront dans ce petit livre, dont les pratiques courtes et aisées peuvent être aussi employées pour tout autre pélerinage ou dévotion.

LITANIES DE LA SAINTE VIERGE.

Pour obtenir la grâce de mourir saintement.

Seigneur, ayez pitié de nous.	Kyrie, eleison.
Christ, ayez pitié de nous.	Christe, eleison.
Seigneur, ayez pitié de n.	Kyrie, eleison.
Christ, écoutez-nous.	Christe, audi nos.
Christ, exaucez-nous.	Christe, exaudi nos.
Dieu, le Père des Cieux, où vous êtes assis, ayez pitié de nous.	Pater, de Cœlis Deus, miserere nobis.
Dieu le Fils, Rédempteur du monde, ayez pitié de nous.	Fili, Redemptor mundi, Deus, miserere nobis.
Dieu le Saint-Esprit, ayez pitié de nous.	Spiritus sancte, Deus, miserere nobis.
Trinité sainte, qui êtes un seul Dieu, ayez pitié de nous.	Sancta Trinitas, unus Deus, miserere nobis.

Sancta Maria, ora pro nobis.	Sainte Marie, priez pour nous.
Sancta Dei Genitrix, ora pro nobis.	Sainte Mère de Dieu, priez pour nous.
Sancta Virgo virginum, ora pro n.	Sainte Vierge des vierges, priez pour nous.
Mater Christi, ora p. n.	Mère du Christ, priez p. n.
Mater divinæ gratiæ, ora pro nobis.	Mère de la divine grâce, priez pour nous.
Mater purissima, ora pro nobis.	Mère très-pure, priez pour nous.
Mater castissima, ora pro nobis.	Mère très-chaste, priez pour nous.
Mater inviolata, ora pro nobis.	Mère sans tache, priez pour nous.
Mater intemerata, ora pro nobis.	Mère sans corruption, priez pour nous.
Mater amabilis, ora pro nobis.	Mère aimable, priez pour nous.
Mater admirabilis, ora pro nobis.	Mère admirable, priez pour nous.
Mater Creatoris, ora pro nobis.	Mère du Créateur, priez pour nous.
Mater Salvatoris, ora pro nobis.	Mère du Sauveur, priez pour nous.
Virgo prudentissima, ora pro nobis.	Vierge très-prudente, priez pour nous.
Virgo veneranda, ora pro nobis.	Vierge digne de dévotion, priez pour nous.
Virgo prædicanda, ora pro nobis.	Vierge célèbre, priez pour nous.
Virgo potens, ora p. n.	Vierge puissante, priez p. n.
Virgo clemens, ora pro nobis.	Vierge clémente, priez pour nous.
Virgo fidelis, ora p. n.	Vierge fidèle, priez p. n.
Speculum justitiæ, ora pro nobis.	Miroir de justice, priez pour nous.
Sedes sapientiæ, ora pro nobis.	Siége de sagesse, priez pour nous.
Causa nostræ lætitiæ, ora pro nobis.	Cause de notre joie, priez pour nous.

Vaisseau spirituel, priez pour nous.	Vas spirituale, ora pro nobis.
Vaisseau honorable, priez pour nous.	Vas honorabile, ora pro nobis.
Vaisseau insigne de dévotion, priez pour nous.	Vas insigne devotionis, ora pro nobis.
Rose mystique, priez p. n.	Rosa mystica, ora.
Tour de David, priez p. n.	Turris Davidica, ora.
Tour d'ivoire, priez p. n.	Turris eburnea, ora.
Maison dorée, priez p. n.	Domus aurea, ora.
Arche d'alliance, priez pour nous.	Fœderis arca, ora pro nobis.
Porte du Ciel, priez p. n.	Janua Cœli, ora pro.
Etoile du matin, priez pour nous.	Stella matutina, ora pro nobis.
Santé des infirmes, priez pour nous.	Salus infirmorum, ora pro nobis.
Refuge des pécheurs, priez pour nous.	Refugium peccatorum, ora pro n.
Consolatrice des affligés, priez pour nous.	Consolatrix afflictorum, ora pro n.
Secours des chrétiens, priez pour nous.	Auxilium Christianorum, ora pro n.
Reine des anges, priez pour nous.	Regina angelorum, ora pro nobis.
Reine des patriarches, priez pour nous.	Regina patriarcharum, ora pro n.
Reine des prophètes, priez pour nous.	Regina prophetarum, ora pro nobis.
Reine des apôtres, priez pour nous.	Regina apostolorum, ora pro n.
Reine des martyrs, priez pour nous.	Regina martyrum, ora pro nobis.
Reine des confesseurs, priez pour nous.	Regina confessorum, ora pro nobis.
Reine des vierges, priez pour nous.	Regina virginum, ora pro nobis.
Reine de tous les saints, priez pour nous.	Regina sanctorum omnium, ora pro.
Reine conçue sans péché, priez pour nous.	Regina sine labe concepta, ora pro n.

Agnus Dei, qui tollis peccata mundi, parce nobis, Domine.	Agneau de Dieu, qui effacez les péchés du monde, pardonnez-nous, Seigneur.
Agnus Dei, qui tollis peccata mundi, exaudi nos, Domine.	Agneau de Dieu, qui effacez les péchés du monde, exaucez-nous, Seigneur.
Agnus Dei, qui tollis peccata mundi, miserere nobis.	Agneau de Dieu, qui effacez les péchés du monde, ayez pitié de nous.
Christe, audi nos.	Christ, écoutez-nous.
Christe, exaudi nos.	Christ, exaucez-nous.
℣. Ora pro nobis, sancta Dei Genitrix,	℣. Sainte Mère de Dieu, priez pour nous.
℟. Ut digni efficiamur promissionibus Christi.	℟. Afin que nous soyons faits dignes des promesses de Jésus-Christ.

ORAISON.

Gratiam tuam, quæsumus, Domine, mentibus nostris infunde, ut qui, Angelo nuntiante, Christi Filii tui Incarnationem cognovimus; per Passionem ejus et Crucem ad resurrectionis gloriam perducamur. Per eumdem Christum Dominum nostrum.	Seigneur, nous vous supplions de répandre votre sainte grâce dans nos âmes, afin qu'après avoir connu, par la voix de l'ange, la miraculeuse Incarnation de votre Fils Jésus-Christ, nous puissions arriver un jour à la jouissance et à la gloire de la résurrection, qu'il a voulu nous procurer par sa Passion et sa Croix. Par le même Jésus-Christ Notre-Seigneur. Ainsi soit-il.
Amen.	

ANTIENNE A LA SAINTE VIERGE.

Sub tuum præsidium confugimus,	Nous avons recours à votre protection, sainte

Mère de Dieu : ne méprisez pas les prières que nous vous adressons dans nos besoins ; mais obtenez-nous la délivrance de tous les dangers auxquels nous sommes sans cesse exposés, ô Vierge comblée de gloire et de bénédictions.

sancta Dei Genitrix : nostras deprecationes ne despicias in necessitatibus nostris, sed à periculis cunctis libera nos semper, Virgo gloriosa et benedicta.

HYMNE

Pour demander la paix à Notre-Dame de Réconciliation.

Je vous salue, brillante étoile de la mer, qui, en mettant au monde le Sauveur, nous avez heureusement procuré l'entrée du Ciel.

En recevant cette glorieuse salutation de l'ange Gabriel, vous concevez Celui qui fait notre paix avec vous ; et, par ce moyen, vous devenez à meilleur titre qu'Eve, la Mère des vivants.

Obtenez la liberté aux captifs, et la lumière aux aveugles : obtenez-nous la grâce d'éviter le mal, et demandez pour nous les biens dont nous avons besoin.

Montrez-vous véritablement notre Mère, et faites parvenir nos prières jus-

Ave, maris Stella,
Dei Mater alma,
Atque semper Virgo,
Felix Cœli Porta.

Sumens illud ave,
Gabrielis ore,
Funda nos in pace;
Mutans Evæ nomen.

Solve vincla reis,
Profer lumen cæcis,
Mala nostra pelle,
Bona cuncta posce.

Monstra te esse Matrem,
Sumat per te pre-

ces, Qui pro nobis natus, Tulit esse tuus.	qu'à Celui qui, pour nous sauver, a bien voulu naître de vous.
Virgo singularis, Inter omnes mitis, Nos culpis solutos, Mites fac et castos.	Vierge incomparable, au-dessus de toutes les vierges, faites, par votre puissante intercession, que, délivrés des liens funestes qui nous retiennent, nous pratiquions, à votre exemple, les vertus de douceur et de chasteté.
Vitam præsta puram, Iter para tutum, Ut, videntes Jesum, Semper collætemur.	Obtenez-nous cette innocence de mœurs, qui conduit sûrement à Jésus-Christ; afin que, le voyant un jour dans sa gloire, nous goûtions à jamais avec vous la joie et la félicité des saints.
Sit laus Deo Patri, Summo Christo decus, Spiritui sancto, Tribus honor unus. Amen.	Louange à Dieu le Père; louange à Jésus-Christ Notre-Seigneur, louange au Saint-Esprit : qu'un même et souverain hommage soit rendu à la sainte Trinité. Ainsi soit-il.

PSAUME 129.

Pour le repos des âmes du Purgatoire.

De profundis clamavi ad te, Domine; Domine, exaudi vocem meam.	Du fond de l'abîme, Seigneur, je pousse des cris vers vous; Seigneur, écoutez ma voix.

Que vos oreilles soient attentives à la voix de ma prière.	Fiant aures tuæ intendentes in vocem deprecationis meæ.
Si vous tenez un compte exact des iniquités, ô mon Dieu, qui pourra, Seigneur, subsister devant vous?	Si iniquitates observaveris, Domine, Domine, quis sustinebit?
Mais vous êtes plein de miséricorde; et j'espère en vous, Seigneur, à cause de votre loi.	Quià apud te propitiatio est, et propter legem tuam sustinui te, Domine.
Mon âme attend l'effet de votre promesse : mon âme a mis toute sa confiance dans le Seigneur.	Sustinuit anima mea in verbo ejus; speravit anima mea in Domino.
Que depuis le matin jusqu'au soir, Israël espère dans le Seigneur.	A custodiâ matutinâ usquè ad noctem, speret Israel in Domino.
Car le Seigneur est rempli de bonté, et l'on trouvera en lui une rédemption abondante.	Quià apud Dominum misericordia, et copiosa apud eum redemptio.
C'est lui qui rachettera Israël de toutes ses iniquités.	Et ipse redimet Israel ex omnibus iniquitatibus ejus.
Donnez-leur, etc.	Requiem, etc.

INDULGENCES

ACCORDÉES PAR LE SOUVERAIN-PONTIFE

GRÉGOIRE XVI,

En date du 13 juillet 1836, à tous les Confrères et Consœurs de la Confrérie de Notre-Dame de Réconciliation.

—∞∞·∞∞—

1.° Indulgence plénière le jour de leur entrée dans ladite Confrérie, à condition qu'ils se confesseront, communieront, visiteront l'église paroissiale d'Esquermes, et y prieront pendant quelque temps selon l'intention du souverain Pontife.

2.° Indulgence plénière à l'article de la mort, pourvu que, s'étant confessés, et ayant reçu la sainte communion, ils invoquent dévotement de cœur, s'ils ne le peuvent de bouche, le très-saint Nom de Jésus.

3.° Indulgence plénière le jour de la fête principale de la Confrérie, à commencer aux premières vêpres de la fête jusqu'au coucher du soleil du jour même de la fête.

4.° Indulgence de sept ans et de sept quarantaines aux quatre fêtes de l'année désignées par l'ordinaire du lieu.

5.° Indulgence de soixante jours pour chaque

œuvre pieuse qu'ils feront avec un cœur contrit et dévotement!

L'autorité diocésaine, en date du 11 août 1836, a désigné la fête de l'Assomption de la très-sainte Vierge pour fête principale de la Confrérie, et pour gagner l'Indulgence plénière ; et les fêtes de la Purification, de l'Annonciation, de la Nativité et de la Conception pour gagner les Indulgences de sept ans et de sept quarantaines.

∞∞∞∞

Décret d'érection de la Confrérie de la sainte Vierge sous le titre de Notre-Dame de Réconciliation dans l'église paroissiale d'Esquermes.

LOUIS BELMAS, par la miséricorde divine et la grâce du saint-siége apostolique, évêque de Cambrai,

Le pasteur de l'église Saint-Martin à Esquermes, ainsi que plusieurs fidèles de ladite église, nous ayant exposé qu'ils désiraient de tout leur cœur qu'il fût créé et érigé dans ladite église une Confrérie de la sainte Vierge sous le titre de Notre-Dame de Réconciliation, se proposant d'y exercer le plus d'œuvres de charité et de piété possible, et nous priant, pour cela, avec instance, de vouloir et daigner établir la susdite Confrérie; Nous, trouvant leur désir très-louable et accédant favorablement à leur demande, comme étant juste et propre à contribuer à la gloire de Dieu et au salut des âmes, nous avons jugé à propos d'ériger et érigeons par les présentes dans ladite église de Saint-Martin à Esquermes, une Confrérie de la sainte Vierge, sous le titre de Notre-Dame de Réconciliation, dans laquelle les fidèles chrétiens de l'un et de l'autre sexe puissent se faire inscrire et participer aux Indulgences qui ont été accordées par le souverain Pontife Grégoire XVI, le treize du mois de juillet de l'année mil huit cent trente-six.

Donné à Cambrai sous nos seing et sceau, et la signature du Secrétaire de notre évêché le huit août mil huit cent trente six.

Signé, † LOUIS, ÉVÊQUE DE CAMBRAI.
Par ordonnance,
DUPREZ, SECRÉT.-GÉN.

PRIÈRES PENDANT LA SAINTE MESSE.

Au Nom du Père, et du Fils, et du Saint-Esprit. Ainsi soit-il.

C'est en votre nom, adorable Trinité, c'est pour vous rendre l'honneur et les hommages qui vous sont dus, que j'assiste au très-saint et très-auguste Sacrifice.

Permettez-moi, divin Sauveur, de m'unir d'intention au Ministre de vos Autels, pour offrir la précieuse Victime de mon salut, et donnez-moi les sentiments que j'aurais dû avoir sur le calvaire, si j'avais assisté au sacrifice sanglant de votre Passion.

CONFITEOR.

Je m'accuse devant vous, ô mon Dieu, de tous les péchés dont je suis coupable. Je m'en accuse en présence de Marie, la plus pure de toutes les Vierges, de tous les Saints et de tous les fidèles; parce que j'ai péché en pensées, en paroles, en actions, en omissions : par ma faute, oui par ma faute, et par ma très-grande faute. C'est pourquoi je conjure la très-sainte Vierge, et tous les Saints, de vouloir intercéder pour moi.

Seigneur, écoutez favorablement ma prière, et accordez-moi l'indulgence, l'absolution et la rémission de tous mes péchés.

KYRIE ELEISON.

Divin Créateur de nos âmes, ayez pitié de l'ouvrage de vos mains : Père miséricordieux, faites miséricorde à vos enfants.

Auteur de notre salut, immolé pour nous, appliquez-nous les mérites de votre mort et de votre précieux Sang.

Aimable Sauveur, doux Jésus, ayez compassion de nos misères, pardonnez-nous nos péchés.

GLORIA IN EXCELSIS.

Gloire à Dieu dans le Ciel, et paix aux hommes de bonne volonté sur la terre. Nous vous louons, Seigneur, nous vous bénissons, nous vous adorons, nous vous glorifions, nous vous rendons de très-humbles actions de grâces dans la vue de votre grande gloire, vous qui êtes le Seigneur, le souverain Monarque, le Très-Haut, le seul vrai Dieu, le Père tout-puissant.

Adorable Jésus, Fils unique du Père, Dieu et

Seigneur de toutes choses, Agneau de Dieu, envoyé pour effacer les péchés du monde, ayez pitié de nous ; et du haut du Ciel, où vous régnez avec votre Père, jetez un regard de compassion sur nous. Sauvez-nous ; vous êtes le seul qui le puissiez, Seigneur Jésus, parce que vous êtes le seul infiniment saint, infiniment puissant, infiniment adorable, avec le Saint-Esprit, dans la gloire du Père. Ainsi soit-il.

ORAISON.

Accordez-nous, Seigneur, par l'intercession de la sainte Vierge et des Saints que nous honorons, toutes les grâces que votre Ministre vous demande pour lui et pour nous. M'unissant à lui, je vous fais la même prière pour ceux et celles pour lesquels je suis obligé de prier, et je vous demande, Seigneur, pour eux et pour moi, tous les secours que vous savez nous être nécessaires, afin d'obtenir la vie éternelle : au Nom de Jésus-Christ Notre-Seigneur. Ainsi soit-il.

ÉPITRE.

Mon Dieu, vous m'avez appelé à la connaissance de votre sainte Loi, préférablement à tant de peuples qui vivent dans l'ignorance de vos mystères. J'accepte de tout mon cœur cette divine loi : j'écoute avec respect les oracles que vous avez prononcés par la bouche de vos prophètes : je les révère avec toute la soumission qui est due à la parole d'un Dieu, et j'en vois l'accomplissement avec toute la joie de mon âme.

Que n'ai-je pour vous, ô mon Dieu, un cœur semblable à celui des Saints de votre ancien Testament ! Que ne puis-je vous désirer avec l'ardeur des Patriarches, vous connaître et vous révérer comme les Prophètes, vous aimer et m'attacher uniquement à vous comme les Apôtres.

ÉVANGILE.

Ce ne sont plus, ô mon Dieu, les Prophètes ni les Apôtres qui vont m'instruire de mes devoirs ; c'est votre Fils unique, c'est sa parole que je vais entendre. Mais, hélas ! que me servira d'avoir cru que c'est votre parole, Seigneur Jésus, si je n'agis pas conformément à ma croyance ? que me servira, lorsque je paraîtrai devant vous, d'avoir eu la Foi, sans le mérite de la charité et des bonnes œuvres ?

Je crois ; et je vis comme si je ne croyais pas ; ou comme si je croyais un Evangile contraire au vôtre. Ne me jugez pas, ô mon Dieu, sur cette opposition perpétuelle que je mets entre vos maximes et ma conduite. Je crois, mais inspirez-moi le courage et la force de pratiquer ce que je crois. A vous, Seigneur, en reviendra toute la gloire.

CREDO.

Je crois en un seul Dieu le Père tout-puissant, Créateur de l'univers ; et en Notre-Seigneur Jésus-Christ, son Fils unique, parfaitement semblable à lui, Saint, Puissant, Eternel, Dieu comme lui. Je crois que ce Fils adorable s'est fait homme pour l'amour de nous, qu'il a souffert, qu'il est mort, qu'il est ressuscité, qu'il est monté au Ciel, qu'il en descendra pour juger les hommes, et qu'ensuite il continuera un règne éternellement heureux.

Je crois au Saint-Esprit, Dieu comme le Père et le Fils, procédant de l'un et de l'autre, et partageant la même gloire avec eux ; Source de vie, Auteur de la sanctification des hommes, et la Lumière des Prophètes. Je crois une Eglise sainte, catholique et apostolique ; un Baptême institué pour la rémission des péchés ; et plein de confiance en la miséricorde de mon Dieu, j'attends la résurrection des morts, et la vie éternelle. Ainsi soit-il.

OFFERTOIRE.

Père infiniment saint, Dieu tout-puissant et éternel, quelque indigne que je sois de paraître devant vous, j'ose vous présenter cette hostie par les mains du Prêtre, avec l'intention qu'a eue Jésus-Christ, mon Sauveur, lorsqu'il institua ce Sacrifice, et qu'il a encore au moment qu'il s'immole ici pour moi.

Je vous l'offre pour reconnaître votre souverain domaine sur moi et sur toutes les créatures. Je vous l'offre pour l'expiation de mes péchés, et en action de grâces de tous les bienfaits dont vous m'avez comblé.

Je vous l'offre enfin, mon Dieu, cet auguste Sacrifice, afin d'obtenir de votre infinie bonté, pour moi, pour mes parents, pour mes bienfaiteurs, pour mes amis et pour mes ennemis, ces grâces précieuses du Salut, qui ne peuvent être accordées à des pécheurs, qu'en vue des mérites de celui qui est le Juste par excellence; et qui s'est fait victime de propitiation pour tous.

Mais en vous offrant cette adorable Victime, je vous recommande, ô mon Dieu, toute l'Eglise catholique, notre saint Père le Pape, notre Evêque, tous les Pasteurs des âmes, notre Roi, la famille royale, les princes chrétiens, et tous les peuples qui croient en vous.

Souvenez-vous aussi, Seigneur, des Fidèles trépassés ; et, en considération des mérites de votre Fils, donnez-leur un lieu de rafraîchissement, de lumière et de paix.

N'oubliez pas, ô mon Dieu, vos ennemis et les miens ; ayez pitié de tous les infidèles, des hérétiques et de tous les pécheurs, comblez de bénédictions ceux qui me persécutent, et me pardonnez mes péchés, comme je leur pardonne tout le mal qu'ils me font, ou qu'ils voudraient me faire. Ainsi soit-il.

PRÉFACE.

Voici l'heureux moment où le Roi des Anges et des hommes va paraître ; Seigneur, remplissez-moi de votre esprit ; que mon cœur dégagé de la Terre ne pense qu'à vous. Quelle obligation n'ai-je pas de vous bénir et de vous louer en tout temps et en tout lieu, Dieu du Ciel et de la Terre, Maître infiniment grand, Père tout-puissant et éternel !

Rien n'est plus juste, rien n'est plus avantageux que de nous unir à Jésus-Christ, pour vous adorer continuellement. C'est par lui que tous les Esprits bienheureux rendent leurs hommages à votre

Majesté, c'est par lui que toutes les vertus du Ciel, saisies d'une frayeur respectueuse, s'unissent pour vous glorifier. Souffrez, Seigneur, que nous joignions nos faibles louanges à celles de ces saintes intelligences ; et que, de concert avec elles, nous disions dans un transport de joie et d'admiration :

SANCTUS.

Saint, Saint, Saint est le Seigneur, le Dieu des armées. Tout l'univers est rempli de sa gloire. Que les Bienheureux le bénissent dans le Ciel. Béni soit celui qui nous vient sur la Terre, Dieu et Seigneur comme celui qui l'envoie.

LE CANON.

Nous vous conjurons, au Nom de Jésus-Christ votre Fils et Notre-Seigneur, ô Père infiniment miséricordieux, d'avoir pour agréable et de bénir l'offrande que nous vous présentons, afin qu'il vous plaise de conserver, de défendre et de gouverner votre sainte Eglise, avec tous les membres qui la composent, le Pape, notre Evêque, notre Roi, et généralement tous ceux qui font profession de votre sainte Foi.

Nous vous recommandons en particulier, Seigneur, ceux pour qui la justice, la reconnaissance et la charité nous obligent de prier, tous ceux qui sont présents à cet adorable Sacrifice, et particulièrement N. et N. Et afin, grand Dieu, que nos hommages vous soient plus agréables, nous nous unissons à la glorieuse Marie toujours Vierge, Mère de notre Dieu et Seigneur Jésus-Christ, à tous vos Apôtres, à tous les bienheureux Martyrs, à tous les Saints qui composent avec nous une même Eglise.

Que n'ai-je en ce moment, ô mon Dieu, les désirs enflammés avec lesquels les saints Patriarches souhaitaient la venue du Messie ! Que n'ai-je leur foi et leur amour ! Venez, Seigneur Jésus, venez; aimable Réparateur du monde, venez accomplir un Mystère qui est l'abrégé de toutes vos merveilles. Il vient, cet Agneau de Dieu : voici l'adorable Victime, par qui tous les péchés du monde sont effacés.

ÉLÉVATION.

Verbe incarné, divin Jésus, vrai Dieu et vrai Homme, je crois que vous êtes ici présent : je vous y adore avec l'humilité la plus profonde; je vous aime de tout mon cœur; et, comme vous y venez pour l'amour de moi, je me consacre entièrement à vous.

J'adore ce Sang précieux que vous avez répandu pour tous les hommes; et j'espère, ô mon Dieu, que vous ne l'aurez pas versé inutilement pour moi. Faites-moi la grâce de m'en appliquer les mérites. Je vous offre le mien, aimable Jésus, en reconnaissance de cette charité infinie que vous avez eue de donner le vôtre pour l'amour de moi.

SUITE DU CANON.

Quelle serait donc désormais ma malice et mon ingratitude, si, après avoir vu ce que je vois, je consentais à vous offenser! Non, mon Dieu, je n'oublierai jamais ce que vous me représentez par ces augustes Mystères; les souffrances de votre Passion, la gloire de votre Résurrection, votre Corps tout déchiré, votre Sang répandu pour nous, réellement présents sur cet Autel.

C'est maintenant, éternelle Majesté, que nous vous offrons de votre grâce, véritablement et proprement la Victime pure, sainte et sans tache, qu'il vous a plu de nous donner vous-même, et dont toutes les autres n'étaient que la figure. Oui, grand Dieu, nous osons vous le dire, il y a ici plus que tous les sacrifices d'Abel, d'Abraham et de Melchisédech. La seule victime digne de votre Autel est Notre-Seigneur Jésus-Christ,

Votre Fils, l'unique objet de vos éternelles complaisances.

Que tous ceux qui participent ici de la bouche ou du cœur à cette Victime salutaire, soient remplis de sa bénédiction.

Que cette bénédiction se répande, ô mon Dieu, sur les âmes des Fidèles qui sont morts dans la paix de l'Eglise, et particulièrement sur celles de N. et N. Accordez-leur, Seigneur, en vue de ce sacrifice, la délivrance entière de leurs peines.

Daignez nous accorder aussi un jour cette grâce à nous-mêmes, Père infiniment bon, et faites-nous entrer en société avec les saints Apôtres et les saints Martyrs, et tous les Saints, afin que nous puissions vous aimer et vous glorifier éternellement avec eux. Ainsi soit-il.

PATER NOSTER.

Que je suis heureux, ô mon Dieu, de vous avoir pour Père! Que j'ai de joie de penser que le Ciel où vous êtes doit être un jour ma demeure! Que votre saint Nom soit glorifié par toute la Terre. Régnez absolument sur tous les cœurs et sur toutes les volontés. Ne refusez pas à vos enfants la nourriture spirituelle et corporelle.

Nous pardonnons de bon cœur ; pardonnez-nous. Soutenez-nous dans les tentations et dans les maux de cette misérable vie ; mais préservez-nous du péché, le plus grand de tous les maux.

Ainsi soit-il.

AGNUS DEI.

Agneau de Dieu, immolé pour moi, ayez pitié de moi. Victime adorable de mon salut, sauvez-moi. Divin médiateur, obtenez-moi ma grâce auprès de votre Père, donnez-moi votre paix.

COMMUNION.

Qu'il me serait doux, ô mon aimable Sauveur, d'être du nombre de ces heureux chrétiens, à qui la pureté de conscience et une tendre piété permettent d'approcher tous les jours de votre sainte Table !

Quel avantage pour moi, si je pouvais en ce moment vous posséder dans mon cœur, vous y rendre mes hommages, vous y exposer mes besoins, et participer aux grâces que vous faites à ceux qui vous reçoivent réellement ? Mais puisque j'en suis très-indigne, suppléez, ô mon Dieu, à l'indisposition de mon âme. Pardonnez-moi tous mes péchés, je les déteste de tout mon cœur, parce qu'ils vous déplaisent. Recevez le désir sincère que j'ai de m'unir à vous. Purifiez-moi d'un seul de vos regards, et mettez-moi en état de vous bien recevoir au plus tôt.

En attendant cet heureux jour, je vous conjure, Seigneur, de me faire participant des fruits que la Communion du Prêtre doit produire en tout le peuple fidèle, qui est présent à ce sacrifice. Augmentez ma foi par la vertu de ce divin Sacrement, fortifiez mon espérance, épurez en moi la charité, remplissez mon cœur de votre amour, afin qu'il ne respire plus que vous, et qu'il ne vive plus que pour vous. Ainsi soit-il.

DERNIÈRES ORAISONS.

Vous venez, ô mon Dieu, de vous immoler pour mon salut; je veux me sacrifier pour votre gloire. Je suis votre victime; ne m'épargnez point. J'accepte de bon cœur toutes les croix qu'il vous plaira de m'envoyer; je les bénis, je les reçois de votre main, et je les unis à la vôtre.

Je sors purifié de vos saints Mystères, dans la disposition de fuir avec horreur les moindres taches du péché, surtout de celui où mon penchant m'entraîne avec plus de violence. Je serai fidèle à votre Loi, et je suis résolu de tout perdre et de tout souffrir, plutôt que de la violer.

BÉNÉDICTION.

Bénissez, ô mon Dieu, ces saintes résolutions ; bénissez-nous tous par la main de votre ministre, et que les effets de votre bénédiction demeurent éternellement sur nous. Au Nom du Père, et du Fils, et du Saint-Esprit. Ainsi soit-il.

DERNIER ÉVANGILE.

Verbe divin, Fils unique du Père, Lumière du monde, venue du Ciel pour nous en montrer le chemin, ne permettez pas que je ressemble à ce peuple infidèle, qui a refusé de vous reconnaître pour le Messie. Ne souffrez pas que je tombe dans le même aveuglement que ces malheureux qui ont mieux aimé devenir esclaves de Satan, que d'avoir part à la glorieuse adoption d'enfants de Dieu, que vous veniez leur procurer.

VERBE FAIT CHAIR, je vous adore avec le respect le plus profond, je mets toute ma confiance en vous seul, espérant fermement que, puisque vous êtes mon Dieu, et un Dieu qui s'est fait homme afin de sauver les hommes, vous m'accorderez les grâces nécessaires pour me sanctifier sur la terre, et vous posséder éternellement dans le Ciel. Ainsi soit-il.

VÊPRES DU DIMANCHE.

Pater, etc.
Ave, etc.
Deus, in adjutorium meum intende : ℟. Domine, ad adjuvandum me festina.

Gloria Patri, et Filii, et Spiritui Sancto.
℟. Sicut erat in principio, et nunc et semper; et in sæcula sæculorum. Amen. Alleluia.

Depuis la Septuagésime jusqu'à Pâques, au lieu d'*Alleluia*, on dit :

Laus tibi, Domine, Rex æternæ gloriæ.

Psaume 109.

Dixit Dominus Domino meo : Sede à dextris meis.

Donec ponam inimicos tuos, scabellum pedum tuorum.

Virgam virtutis tuæ emittet Dominus ex Sion : dominare in medio inimicorum tuorum.

Tecum principium in die virtutis tuæ in splendoribus Sanctorum : ex utero ante luciferum genui te.

Juravit Dominus et non pœnitebit eum : tu es sacerdos in æternum secundùm ordinem Melchisedech.

Dominus à dextris tuis : confregit in die iræ suæ Reges.

Judicabit in nationibus implebit ruinas : conquassabit capita in terrâ multorum.

De torrente in viâ bibet : proptereà exaltabit caput.

Gloria Patri, etc.

ANT. Dixit Dominus Domino meo : sede à dextris meis.

Psaume 110.

Confitebor tibi, Domine, in toto corde meo : in concilio justorum et congregatione.

Magna opera Domini : exquisita in omnes voluntates ejus.

Confessio et magnificentia opus ejus : et justitia ejus manet in sæculum sæculi.

Memoriam fecit mirabilium suorum, misericors et miserator

Dominus : escam dedit timentibus se.

Memor erit in sæculum testamenti sui : virtutem operum suorum annuntiabit populo suo.

Ut det illis hæreditatem gentium : opera manuum ejus veritas et judicium.

Fidelia omnia mandata ejus confirmata in sæculum sæculi : facta in veritate et æquitate.

Redemptionem misit populo suo : mandavit in æternum testamentum suum.

Sanctum et terribile Nomen ejus, initium sapientiæ timor Domini.

Intellectus bonus omnibus facientibus eum : laudatio ejus manet in sæculum sæculi.

Gloria Patri, etc.

ANT. Fidelia omnia mandata ejus, confirmata in sæculum sæculi.

Psaume 111.

Beatus vir qui timet Dominum : in mandatis ejus volet nimis.

Potens in terrà erit semen ejus : generatio rectorum benedicetur.

Gloria et divitiæ in domo ejus . et justitia ejus manet in sæculum sæculi.

Exortum est in tenebris lumen rectis : misericors et miserator et justus.

Jucundus homo qui miseretur et commodat, disponet sermones suos in judicio, quia in æternum non commovebitur.

In memoriâ æternâ erit justus : ab auditione mala non timebit.

Paratum cor ejus sperare in Domino, confirmatum est cor ejus : non commovebitur donec despiciat inimicos suos.

Dispersit, dedit pauperibus, justitia ejus manet in sæculum sæculi : cornu ejus exaltabitur in gloriâ.

Peccator videbit et irascetur; dentibus suis fremet et tabescet : desiderium peccatorum peribit.

Gloria Patri, etc.

ANT. In mandatis ejus cupit nimis.

Psaume 112.

Laudate, pueri, Dominum, laudate nomen Domini.

Sit Nomen Domini benedictum : ex hoc nunc et usque in sæculum.

A solis ortu usque ad occasum : laudabile Nomen Domini.

Excelsus super omnes gentes Dominus : et super cœlos gloria ejus.

Quis sicut Dominus Deus noster, qui in altis habitat, et humilia respicit in cœlo et in terra.

Suscitans à terra inopem : et de stercore erigens pauperem.

Ut collocet eum cum principibus, cum principibus populi sui.

Qui habitare facit sterilem in domo : matrem filiorum lætantem.

Gloria Patri, etc.

Ant. Sit Nomen Domini benedictum in sæcula.

Psaume 113.

In exitu Israel de Ægypto, domus Jacob de populo barbaro.

Facta est Judæa sanctificatio ejus : Israel potestas ejus.

Mare vidit et fugit : Jordanis conversus est retrorsùm.

Montes exsultaverunt ut arietes; et colles sicut agni ovium.

Quid est tibi, mare, quod fugisti? et tu, Jordanis, quia conversus es retrorsum.

Montes, exultàstis sicut arietes : et colles sicut agni ovium.

A facie Domini mota est terra, à facie Dei Jacob.

Qui convertit petram in stagna aquarum : et rupem in fontes aquarum.

Non nobis, Domine, non nobis : sed Nomini tuo da gloriam.

Super misericordià tuà et veritate tuà : nequandò dicant gentes : Ubi est Deus eorum ?

Deus autem noster in cœlo : omnia quæcumque voluit fecit.

Simulacra gentium argentum et aurum : opera manuum hominum.

Os habent, et non loquentur : oculos habent, et non videbunt.

Aures habent, et non

audient : nares habent, et non odorabunt.

Manus habent, et non palpabunt; pedes habent, et non ambulabunt : non clamabunt in gutture suo.

Similes illis fiant qui faciunt ea : et omnes qui confidunt in eis.

Domus Israel speravit in Domino : adjutor eorum et protector eorum est.

Domus Aaron speravit in Domino : adjutor eorum et protector eorum est.

Qui timent Dominum speraverunt in Domino : adjutor eorum et protector eorum est.

Dominus memor fuit nostri : et benedixit nobis.

Benedixit domui Israel : benedixit domui Aaron.

Benedixit omnibus qui timent Dominum : pusillis cum majoribus.

Adjiciat Dominus super vos : super vos et super filios vestros.

Benedicti vos à Domino : qui fecit cœlum et terram.

Cœlum cœli Domino : terram autem dedit filiis hominum.

Non mortui laudabunt te, Domine : neque omnes qui descendunt in infernum.

Sed nos qui vivimus, benedicimus Domino : ex hoc nùnc et usque in sæculum.

Gloria Patri, etc.

ANT. Nos qui vivimus, benedicimus Domino.

Capitule.

Benedictus Deus, et Pater Domini nostri Jesu Christi; Pater misericordiarum, et Deus totius consolationis, qui consolatur nos in omni tribulatione nostrâ.

℟. Deo gratias.

HYMNE.

Lucis Creator optime,
Lucem dierum proferens,
Primordiis lucis novæ,
Mundi parans originem.
 Qui manè junctum vesperi.

Diem vocari præcipis,
Illabitur tetrum chaos,
Audi preces cum fletibus.
 Ne mens gravata crimine,

Vitæ sit exsul munere ;
Dùm nil perenne cogitat,
Seseque culpis illigat.
 Cœleste pulset ostium,
Vitale tollat præmium ;
Vitemus omne noxium :
Purgemus omne pessimum.

Præsta, Pater piissime ;
Patrique compar unice,
Cum Spiritu Paracleto,
Regnans per omne sæculum. Amen.
℣. Dirigatur, Domine, oratio mea.
℟. Sicut incensum in conspectu tuo.

CANTIQUE DE LA VIERGE. Luc. 1.

Magnificat, anima mea Dominum.

Et exsultavit spiritus meus : in Deo salutari meo.

Quia respexit humilitatem ancillæ suæ : ecce enim ex hoc beatam me dicent omnes generationes.

Quia fecit mihi magna qui potens est : et sanctum Nomen ejus.

Et misericordia ejus à progenie in progenies, timentibus eum.

Fecit potentiam in brachio suo : dispersit superbos mente cordis sui.

Deposuit potentes de sede, et exaltavit humiles.

Esurientes implevit bonis : et divites dimisit inanes.

Suscepit Israel puerum suum : recordatus misericordiæ suæ.

Sicut locutus est ad patres nostros : Abraham et semini ejus sæcula.

Gloria Patri, etc.

FIN.

— Lille, imprimerie de L. Lefort. 1847. —

www.ingramcontent.com/pod-product-compliance
Lightning Source LLC
LaVergne TN
LVHW021718080426
835510LV00010B/1038